JN362726

아홉 살에 처음 만나는

CONSTELLATIONS FOR KIDS by Kelsey Johnson
Text ⓒ 2020 Callisto Media, Inc.
All rights reserved.
First published in English by Rockridge Press, an imprint of Callisto Media, Inc.
Korean translation rights ⓒ 2021 by Feelbooks
Korean translation rights are arranged with Callisto Media Inc. through AMO Agency Korea.

이 책의 한국어판 저작권은 AMO 에이전시를 통해 저작권자와 독점 계약한 느낌이있는책에 있습니다.
저작권법에 의해 한국 내에서 보호를 받는 저작물이므로 무단 전재와 무단 복제를 금합니다.

아홉 살에 처음 만나는
별자리

켈시 존슨 지음 | 김미선 옮김
소백산천문대장 성언창 박사 감수

★ 일러두기 ▲
각 장마다 나오는 봄, 여름, 가을, 겨울 밤하늘은 원서에는 없지만 어린이들에게 우리나라의 계절별 밤하늘을 한눈에
보여주면 좋겠다는 감수 의견에 따라 감수자가 글을 쓰고 출판사가 이미지를 만들어 첨가한 내용임을 밝힙니다.

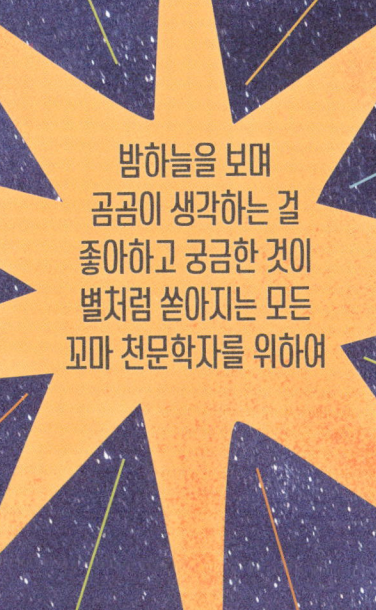

밤하늘을 보며
곰곰이 생각하는 걸
좋아하고 궁금한 것이
별처럼 쏟아지는 모든
꼬마 천문학자를 위하여

차례

놀라운 우주 세상 ··· 11
이 책을 사용하는 방법 ··· 19
북두칠성 ··· 24
북극성 ··· 28

1
봄에 가장 잘 보이는 별자리

봄 밤하늘 ★ 32

사자자리 ··· 34
목동자리 ··· 36
처녀자리 ··· 38
게자리 ··· 40

2
여름에 가장 잘 보이는 별자리

여름 밤하늘 ★ 44

거문고자리 … 46

백조자리 … 48

궁수자리 … 50

북쪽왕관자리 … 52

작은곰자리 … 54

헤라클레스자리 … 56

독수리자리 … 58

전갈자리 … 60

천칭자리 … 62

3
가을에 가장 잘 보이는 별자리

가을 밤하늘 ★ 66

카시오페이아자리 … 68
페가수스자리 … 70
양자리 … 72
염소자리 … 74
물병자리 … 76
물고기자리 … 78

4
겨울에 가장 잘 보이는 별자리

겨울 밤하늘 ★ 82

오리온자리 … 84
황소자리 … 86
큰개자리 … 88
쌍둥이자리 … 90

용어설명 … 94

책을 읽다 보면
다소 어려운 단어는
굵게 쓰여있다는 것을
알게 될 거예요.
94쪽의 용어 설명에서
단어의 뜻을 찾아보세요.

놀라운 우주 세상!

여러분은 이 멋진 우주의 일부분이에요! 사람들은 수천 년 동안 밤하늘을 바라보며 자신의 눈 안에 담긴 것이 무언지 궁금해했어요. 그리고 각각의 문화권에서 별들을 각기 다른 모습으로 그리고 마법과도 같은 이야기를 만들어내곤 했지요. 이렇게 하늘 위 별들로 만든 그림을 **별자리**라고 부른답니다. 우리는 별과 별자리의 도움을 많이 받아요. 예를 들어, 북극성은 사람들이 여행을 떠날 때 길잡이 역할을 해준답니다. 오늘날은 별자리에 대해 아는 사람이 그리 많지 않아요. 여러분은 옛날 사람들이 밤하늘을 어떻게 '읽었는지' 배울 준비가 되었나요? 그럼 이제 떠나봅시다!

알고 있었나요?

여러분의 눈에 보이는 별들은 밤새 바뀐답니다!

지구는 끊임없이 돌아요. 그동안 밤의 각기 다른 풍경을 볼 수 있지요.

한번 해봐요!

천천히 몸을 돌려보세요.
셋…… 둘…… 하나……
얼음!
무엇이 보이나요?
다시 천천히 몸을 돌려보세요.
셋…… 둘…… 하나……
얼음!
뭐가 보여요?
모든 것이 돌기 전과 똑같아 보이나요?

'돌다'는 '회전하다'와 같은 뜻이에요.

지구에도 같은 일이 일어나요. 하늘의 별들은 지구가 돌 때마다 달라진답니다.

알고 있었나요?

계절이 바뀔 때마다 우리 눈에 보이는 별도 달라진답니다!

'주위를 돈다'를 다르게 표현하면 '공전한다'가 되어요.

태양은 별이에요.
지구가 태양 주위를 돌지요.
태양이 하늘에 떠있는 낮 동안에는 너무 밝아서 다른 별들은 보이지 않아요.
별을 보려면 해가 질 때까지 기다려야 하지요.
지구가 회전하기 때문에 우리는 밤하늘에서 다른 별들을 볼 수 있어요.
하지만 해가 바뀌어도 같은 날 같은 시간에는 같은 별만 보인답니다.

태양은 우리 눈에 보이는 것보다 훨씬 크고 지구에서 아주 멀리 떨어져있어요.

태양 안에는 지구가 1백만 개나 들어갈 수 있답니다!

지구의 크기   태양의 크기

알고 있었나요?

여러분의 눈에 보이는 별들은 자신이 어디에 있느냐에 따라 달라진답니다!

지구는 커다란 공 모양이에요.
지구 한가운데에는 '**적도**'라고 부르는
가상의 선이 있어요.
적도는 지구를 절반으로 나누는데,
각 절반을 가리켜 '**반구**'라 불러요.
여러분은 지구에서 현재 위치한 곳 위의
별들만 볼 수 있어요.
다른 반구로 여행을 간다면,
다른 별들이 보이겠지요!
이 책에서 여러분은
북반구에서 볼 수 있는 별자리에 대해
배울 거예요.

'**공**'과 '**구**'는 뜻이 같아요.

'**반**'은 정확하게 둘로 나누었다는 뜻이에요. 그러니까 '**반구**'는 '**구의 반쪽**'이 되겠지요.

별자리가 뭐예요?

여러분은 점 잇기 퍼즐을 해본 적이 있나요?
별자리는 밤하늘에 점 잇기 퍼즐을 하는 것과
비슷해요. 별을 점이라고 치면 되니까요.
사람들은 수천 년 동안 별을 바라보며
별과 별 사이를 이어 일정한 모양을 그려내곤 했어요.
이렇게 별을 이어 만든 모양을 가리켜 별자리라고 부른답니다.
그리고 많은 별자리의 이름을 신화에 나오는
생명체나 인물의 이름을 본떠서 지었어요.
밤하늘의 별을 연결하면 무늬가 되는데 이를 **별 무늬**라 불러요.
별 무늬는 별자리에 관계없이 알아보기 쉽게 만들어요. '겨울 대삼각형', '봄의 대곡선', '**여름 대삼각형**', '**가을 대사각형**', '북십자가', '남십자가'와 같은 것이 있어요.
오랜 세월에 걸쳐 각기 다른 문화권에서
서로 다른 별자리를 그려왔어요.
이 책에서는 오늘날 과학자들이
쓰고 있는 공식 별자리에 대해
배워볼 거예요.

공식적으로 알려진 별자리만 **88개**나 된답니다!

여러분이 도시의 불빛과 멀리 떨어진 곳에 있다면, 맨눈으로 **6천 개**나 되는 별을 볼 수 있답니다!

밤하늘에서는 다른 것도 볼 수 있어요!

별을 볼 때 다른 물체도 보일 거예요.

달

우리는 종종 밤하늘에 뜬 달을 보지요. 우리 눈에 보이는 달의 모양은 태양에 따라 달라져요. 그래요, 태양 말이에요! 지구가 밤이라고 해도, 태양은 여전히 달을 비춘답니다. 태양 빛을 얼마나 받느냐에 따라 달의 모양이 달라지는데, 이를 '**달의 위상**'이라고 해요. 보름달은 달 전체가 환해질 때 나타난답니다.

1월, 2월······ 할 때의 '**월**'은 **달**을 말해요. 달이 지구 주위를 한 바퀴 도는 데 한 달 정도 걸리거든요.

보름달　　만월　　반달　　초승달　　신월

보름달이 뜨는 기간에는
별들을 보기 어려워요.
하지만 **초승달**이나 **신월**이 뜰 때는
희미한 별들을 볼 수 있어요.

행성

행성들은 태양 주위를 **공전**해요.
그래서 여러분도 때로는 밤하늘에 떠있는 행성을
볼 수 있어요.
행싱은 움직이지만 언제 어디에 있을지 예상할 수 있지요.
수성과 금성, 화성, 목성, 토성 같은 행성들은
밤에 맨눈으로도 충분히 볼 수 있을 정도로 밝아요.
이들은 아주 밝은 별처럼 보인답니다.

별똥별

별똥별은 사실 별이 아니라 **유성**이에요. 유성은 우주에서 온 먼지나 돌덩이 조각인데 지구의 하늘로 날아와요.
이따금 **유성우**가 쏟아지기도 해요. 유성이 무더기로 떨어지는 것을 유성우라고 한답니다.

인공위성

하늘을 지그시 바라보면 희미한 별과 같은 것이 하늘을 가로질러 움직이는 모습도 볼 수 있어요.
바로 '**인공위성**'이랍니다. 사람들이 보낸 수천 개의 인공위성은 지구 주위를 돌고 있어요.

어떤 인공위성들은 지구 주위를 하루만에 **18번** 돌아요.

이 책을 사용하는 방법

별자리를 찾으려면 어디를 봐야 하는지 알아야겠지요!
지구가 자전하며 태양 주위를 도는 동안 별자리는
하늘 위 각기 다른 곳에 있는 것처럼 보여요.
이 책에 나온 별자리는 일 년 중 가장 잘 보이는 시간대별로
묶었답니다. 이 책에 나온 각각의 별자리에는 지평선에서
어느 방향, 어느 정도 높이에서 별을 볼 수 있는지
알려주는 도표가 있어요. 각기 다른 달의 같은 밤 시간대에
어떻게 보이는지 알려주지요.
이 책에서 여러분은 별자리 찾는 방법 두 가지를 배우게
될 거예요.

1. 표를 통해 별자리가 어디에 있고, 하늘 어느 높이에 있는지 알 수 있어요.
2. 밝은 별을 이정표 삼아 여러분이 어디를 보고 있는지 알 수 있어요.

꿀팁

천문학자들은 '**도**'를 이용해 하늘에 있는 것과의 거리를 재고는 했어요. 여기서 '도'는 온도의 단위가 아니라 각도의 단위예요. °라는 기호를 사용하지요.

주먹을 쥐고 팔을 위로 쭉 뻗어보세요. 여러분 주먹의 너비는 대략 10° 정도 된답니다. 여러분이 몇 살이든 똑같아요. 여러분이 자라면서 주먹도 커지지만, 그만큼 여러분의 팔도 길어질 테니까요. 이제 여러분의 주먹을 이용해서 사물이 얼마나 멀리 떨어져있는지 알 수 있어요!

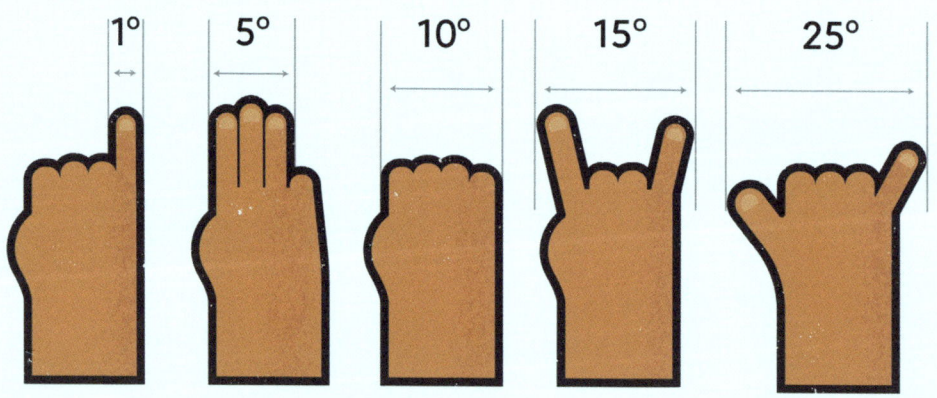

하늘의 지도 사용하기

별자리 지도, 즉 성도는 밤하늘을 그린 거예요. 같은 시간, 같은 계절에 밤하늘을 바라볼 때 유용하게 쓸 수 있지요. 성도는 별자리를 찾을 때 어느 곳을 바라보아야 하는지 알려주어요. 여러분은 동쪽과 서쪽 방향이 성도를 뒤집었을 때와 같다고 생각할 수 있어요. 왜냐하면 밤하늘을 바라보는 것처럼 별자리 지도를 보아야 하기 때문이지요.

이 책에 나온 별자리들은 봄, 여름, 가을, 겨울 중 가장 잘 보이는 계절에 맞추어 정리했어요. 각 장마다 각 계절의 성도가 나와있어요. 겨울에는 여름보다 훨씬 더 일찍 별을 볼 수 있어요. 왜냐하면 해가 그만큼 일찍 지기 때문이에요. 봄과 가을의 별자리 지도와 별자리표는 밤 9시에 맞추어져 있고, 여름 별자리 지도와 별자리표는 밤 10시에 맞추어져 있어요. 그때까지 잠들지 않고 잘 버티기를 바라요!

동, 서, 남, 북

방향을 찾는 또 다른 방법은 나침반을 이용하는 거예요. 실제 나침반을 사용하거나 휴대폰의 나침반 애플리케이션을 써도 좋아요. 나침반을 쓰는 방법은 여러 가지지만, 어느 방향으로 갈지 알아내기는 쉬워요. 나침반을 보면 북쪽을 가리키는 바늘이 있어요. 바늘이 가리키는 방향으로 몸을 돌리면 북쪽은 여러분 앞이고, 서쪽은 왼쪽, 동쪽은 오른쪽, 남쪽은 뒤가 되어요.

한번 해봐요!

나침반을 이용해 북쪽이 어느 방향인지 찾아보세요. 그런 다음 이 책에 있는 봄, 여름, 가을, 겨울 밤하늘을 펼치고 책을 머리 위로 올려봅니다. 지도 위 '북쪽'으로 책을 돌리면 그곳이 실제 북쪽이 된답니다. 그러면 동쪽과 서쪽도 제대로 찾을 수 있겠지요!

밝은 별을 기준점으로 삼아요

밝은 별은 밤하늘의 이정표 역할을 해요. 밝은 별 몇 개만 알아두면 별자리를 찾는 데 도움이 된답니다.

별자리마다 나오는 '별에서 별까지' 단계를 차근차근 따라가보세요. 밝은 별이나 별자리에서 다른 별자리로 가는 길을 알 수 있어요.

하늘의 이정표 찾는 법

북반구에서 가장 중요한 이정표 2개가 북두칠성과 북극성이에요. 일단 이 별들을 찾으면 이를 이용해 다른 별자리를 많이 찾을 수 있답니다. 책을 보며 이 별들로 별자리 찾는 법을 알아볼까요.

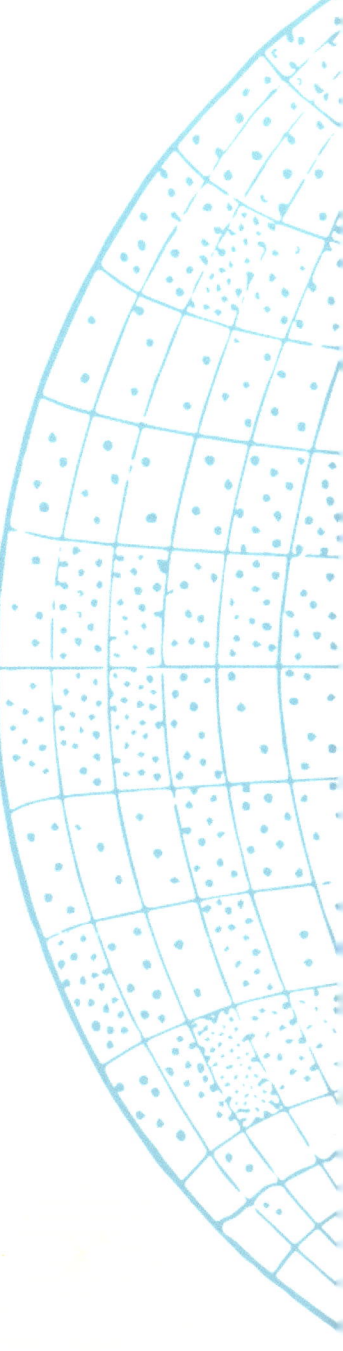

무엇이 보이나요?

옛날에는 여러 문화권에서 큰곰자리의 별들이 곰처럼 보였대요. 어떤 문화권에서는 수레, 쟁기 모양으로 생각하기도 했고, 심지어 장례식 때 쓰는 관이라 생각하기도 했어요. 우리나라와 유럽에서는 '큰 국자'로 보기도 했대요.

북두칠성

북두칠성은 우리나라에서 별자리입니다. 서양 별자리 큰곰자리의 일부로 북쪽 밤하늘에서 가장 찾기 쉬운 별자리입니다.

계절마다 밤 9시에 북두칠성을 보기 좋은 곳				
언제 볼까요	봄	여름	가을	겨울
어디에서 볼까요	북동쪽	북서쪽	북쪽	북서쪽
몇 도 높이에 있나요	주먹 5개 (50°)	주먹 5개 (50°)	주먹 1개 (10°)	주먹 2개 (20°)

북두칠성은 끝에서 끝까지의 거리가 **주먹 2개 반(25°) 정도** 돼요. 북두칠성을 이용해 여러분의 주먹 크기를 재어보세요!

여기 있는 그림들을 이용해 각기 다른 계절에 북두칠성이 어디에 있는지 알아봅시다.

북극성

북극성은 별 중에서 가장 유명한 별이에요. 북극성이라고 불리는 이유는 지구의 북극 위로 뻗은 가상의 선이 북극성을 가리키기 때문이에요.

지구가 회전해 하늘 위 다른 별들이 **북극성**을 중심으로 도는 것처럼 보인답니다.

별에서 별까지

① 북두칠성을 찾아요.

② '국자' 바깥쪽의 별(항성) 2개를 찾아보세요. 이 별들이 메라크와 두베인데, 어들을 가리켜 '방향을 가리키는 별'이라고 부른답니다.

③ 방향을 가리키는 별에서 '국자' 위로 쭉 가상의 선을 그어보세요.

④ 그 선에서 주먹 3개(30°)만큼 선을 늘려요. 그러면 북극성에 닿을 거예요.

1
봄에 가장 잘 보이는 별자리

사자자리
목동자리
처녀자리
게자리

봄 밤하늘

봄 밤하늘에서 '봄의 대곡선'이라는
별무늬를 먼저 찾으면 봄철에
잘 보이는 별자리를 찾을 수 있어요.

① 먼저 북쪽 하늘에서 국자모양의 북두칠성을 찾아요.
② 국자 자루를 따라 남쪽으로 큰 곡선을 그리며 따라가면
   밝은 별 두 개를 만날 거예요.
③ 머리 위 근처에서 만나는 밝은 별이 목동자리
   아크투루스라는 별이에요.
④ 더 남쪽 아래 만나는 별이 처녀자리 스피카라는 별이에요.
⑤ 자 이제 찾은 밝은 별로부터 별자리를 찾아보세요 .
⑥ 아크투루스와 스피카를 연결하는 직선에 동쪽하늘로
   정삼각형을 그리면 꼭지점에 또 다른 밝은 별을 만나요.
   이 별이 사자자리의 두 번째 밝은 별 데네볼라예요.

헤라클레스와 사자

헤라클레스는 그리스 신화에 나오는 **신의 왕 제우스**의 아들이에요. 어느 날 왕이 헤라클레스를 불러 몹시 어려운 임무를 12개나 내렸어요. 그중 첫 번째 임무는 어떤 무기로도 당해낼 수 없는 무시무시한 사자를 없애라는 것이었어요. 헤라클레스는 맨손으로 사자를 쓰러뜨렸답니다. 그러자 제우스는 아들의 성과를 축하하며 사자를 밤하늘의 별로 만들었어요.

사자자리

난이도 ★ ☆ ☆

하늘에서 거꾸로 된 물음표를 찾아보세요. 그것이 사자자리랍니다!

밤 9시에 가장 잘 보이는 시기: 3월에서 5월			
언제 볼까요	3월	4월	5월
어디에서 볼까요	동쪽	남동쪽	남쪽
몇 도 높이에 있나요	주먹 4개 (40°)	주먹 6개 (60°)	주먹 6개 (60°)

별에서 별까지

1. 북두칠성을 찾아요. (찾는 법은 24쪽에 있어요.)
2. 국자 부분에 있는 메라크와 두베를 찾아보세요.
3. 메라크와 두베를 잇는 가상의 선을 그려봅니다.
4. 그 선을 국자의 바닥까지 쭉 이어요.
5. 대략 주먹 3개 반(35°)만큼 선을 이어 따라가요.
6. 사자의 꼬리 앞에 닿을 거예요!

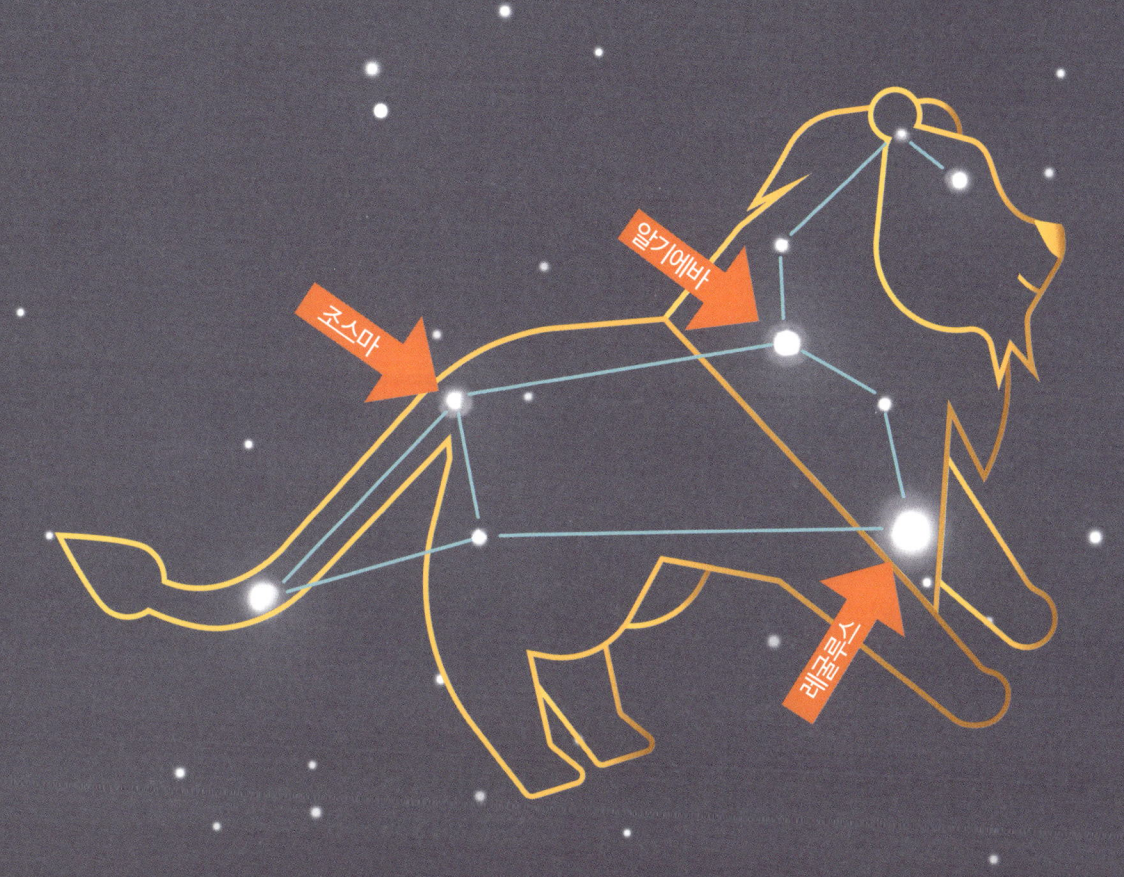

사자자리는 **6,000년** 전부터 알고 있었대요!

수레를 발명하다

전해오는 이야기에 따르면, 목동이 수레와 쟁기를 발명했다고 합니다. 그는 이 도구들을 이용해 땅을 파고 작물을 길렀다고 해요. 자신의 발명 덕분에 그는 하늘의 별이 되었답니다.

목동자리

난이도 ★ ★ ☆

목동자리를 천문학자들처럼 발음할 때는 '보-오-티스'라고 말해요. 목동자리의 중심이 되는 별은 커다란 연처럼 생겼어요. 그리고 목동자리 중 하늘에서 가장 밝은 별 중 하나가 있는데 바로 '아크투루스'랍니다.

밤 9시에 가장 잘 보이는 시기: 4월에서 7월				
언제 볼까요	4월	5월	6월	7월
어디에서 볼까요	동쪽	동쪽	남동쪽	남서쪽
몇 도 높이에 있나요	주먹 2개 (20°)	주먹 5개 (50°)	주먹 7개 (70°)	주먹 6개 (60°)

별에서 별까지

1. 북두칠성을 찾아요. (찾는 법은 24쪽에 있어요.)
2. 북두칠성의 손잡이 부분을 찾아보세요.
3. 손잡이를 잇는 가상의 곡선을 머릿속에 떠올려보세요.
4. 손잡이 끝에서 가상의 곡선을 쭉 이어요.
5. 주먹 3개(30°)만큼 곡선을 따라 내려옵니다.
6. 목동자리에서 가장 밝은 별인 아크투루스에 닿을 거예요.

처녀자리는 이름이 여러 개

처녀자리에 대해서는 많은 이야기가 전해져오고 있어요. 어떤 이야기에서는 처녀자리가 곡물의 여신이라 하고, 어떤 이야기에서는 처녀자리가 정의의 여신이래요. 봄의 여신인 **페르세포네**라 불리기도 한답니다.

처녀자리

난이도 ★ ★ ☆

처녀자리는 우리나라 하늘에서 가장 큰 별자리 중 하나랍니다.

밤 9시에 가장 잘 보이는 시기: 4월에서 7월				
언제 볼까요	4월	5월	6월	7월
어디에서 볼까요	동쪽	동쪽	남동쪽	남서쪽
몇 도 높이에 있나요	주먹 2개 (20°)	주먹 5개 (50°)	주먹 7개 (70°)	주먹 6개 (60°)

별에서 별까지

1. 북두칠성을 찾아요. (찾는 법은 24쪽에 있어요.)
2. 북두칠성의 손잡이 부분을 찾아보세요.
3. 손잡이를 잇는 가상의 곡선을 머릿속에 떠올려보세요.
4. 손잡이 끝에서 가상의 곡선을 쭉 이어요.
5. 주먹 3개(30°)만큼 곡선을 따라 내려옵니다.
6. 목동자리에서 가장 밝은 별인 아크투루스에 닿을 거예요.
7. 아크투루스를 지나 또다시 주먹 3개(30°)만큼 곡선을 이어요.
8. 그러면 스피카라는 또 다른 밝은 별에 닿을 거예요. 스피카는 처녀자리 중에서 가장 밝은 별이랍니다.

발가락을 조심해!

그리스 신화 속 최고의 영웅인 헤라클레스가 **히드라**라는 괴물과 맞서 싸우고 있었어요. 그가 히드라와 한창 엎치락뒤치락하고 있는데, 게가 다가와 헤라클레스의 발가락을 물었지요. 그러자 헤라클레스가 게를 죽였어요. 헤라클레스가 마음에 들지 않았던 **헤라** 여신은 게를 하늘의 별자리로 만들어주었답니다.

게자리

난이도 ★ ★ ★

게자리는 하늘에서 가장 희미한 별 중 하나예요.

밤 9시에 가장 잘 보이는 시기: 2월에서 5월				
언제 볼까요	2월	3월	4월	5월
어디에서 볼까요	남동쪽	남동쪽	남쪽	남서쪽
몇 도 높이에 있나요	주먹 5개 (50°)	주먹 6개 (60°)	주먹 6개 (60°)	주먹 5개 (50°)

별에서 별까지

1. 사자자리를 찾아요. (찾는 법은 34쪽에 있어요.)
2. 사자 꼬리를 이루는 삼각형의 가장 윗부분에 있는 조스마라는 별을 찾아요.
3. 알기에바를 찾아요. 알기에바는 사자의 갈기와 등을 잇는 부분에 있어요.
4. 조스마와 알기에바를 잇는 선을 그려봅니다.
5. 선을 주먹 2개(20°)만큼 더 그어요.
6. 여러분이 이은 선이 게자리의 중심에 닿을 거예요.

고대 이집트에서는 게자리의 별들을 **'스카라브'** 라는 딱정벌레라고 여겼어요.

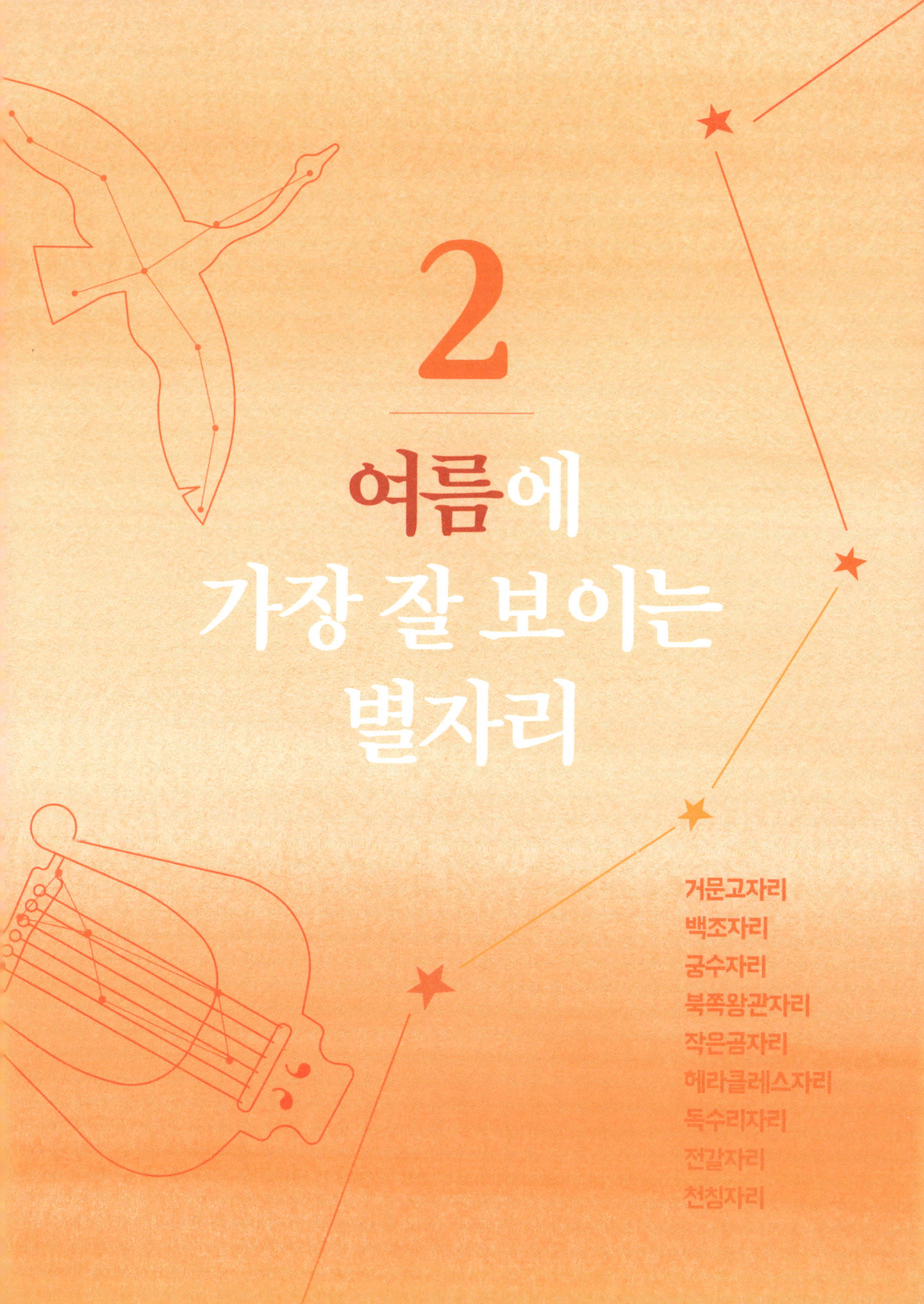

2 여름에 가장 잘 보이는 별자리

거문고자리
백조자리
궁수자리
북쪽왕관자리
작은곰자리
헤라클레스자리
독수리자리
전갈자리
천칭자리

여름 밤하늘

여름밤 해변 모래에 누워 하늘을 수놓은 은하수와 '여름 대삼각형'을 찾아보세요. 여름 대삼각형을 이루는 별자리에 보석 같은 동양의 신화와 서양의 신화가 얽혀있어요.

① 여름밤을 남에서 북으로 가르는 별의 시냇물인 은하수를 찾아보세요.
② 은하수 안에 큰 십자가 모양의 백조자리를 찾아보세요.
   십자가 위 가장 밝은 별이 데네브예요.
③ 데네브에서 은하수 건너편 남서쪽에 아주 밝은 별과 남동쪽
   저 아래 또 다른 밝은 별이 이루는 '여름 대삼각형'을 찾아보세요.
④ 은하수 건너 서쪽 은색으로 빛나는 밝은 별이 거문고자리의 베가,
   직녀성이에요.
⑤ 은하수 건너편 저 아래 남동쪽 밝은 별이 독수리자리의 알타이르,
   견우성이에요.
⑥ 은하수 남쪽 아래 지평선 근처에 밝게 붉은 별, 안타레스가 있고,
   뒤집혀 눕혀있는 모습의 전갈자리를 찾아보세요.

별들과 함께 음악을

거문고자리는 별자리 중 유일하게 악기 모양을 하고 있어요. 신화에 따르면 거문고자리의 원래 이름인 리라는 처음으로 만든 하프라고 해요. **오르페우스**라는 아주 유명한 음악가에게는 리라를 아름다운 선율로 연주하는 재주가 있었어요. 그의 연주를 듣는 이들은 누구든 리라의 매력에서 빠져나올 수 없었다고 해요. 그래서 그리스 신의 왕 제우스가 오르페우스와 그의 아름다운 음악을 기리기 위해 하늘에 거문고자리를 놓았답니다.

거문고자리

난이도 ★ ☆ ☆

거문고자리는 하프 모양이에요. 거문고자리에는 여름 하늘에서 가장 빛나는 별 중 하나인 직녀성이 있어요. 덕분에 직녀성은 다른 별에 비해 찾기가 쉬워요. 거문고자리는 **평행사변형**(기울어진 사각형)에 맞닿아 있는 작은 정삼각형 모양이에요.

밤 10시에 가장 잘 보이는 시기: 6월에서 10월					
언제 볼까요	6월	7월	8월	9월	10월
어디에서 볼까요	동쪽	동쪽	바로 위!	서쪽	서쪽
몇 도 높이에 있나요	주먹 4개 (40°)	주먹 6개 (60°)	주먹 9개 (90°)	주먹 7개 (70°)	주먹 4개 (40°)

별에서 별까지

1. 북쪽-북동쪽 지평선을 향해보세요.
2. 지평선에서부터 하늘의 가장 높은 지점('천정'이라고도 합니다)까지 가상의 선을 그려보세요.
3. 여름에 해당하는 월이라면 직녀성이 대부분 이 선 위에 거의 정확히 올 거예요.

백조일까요, 신일까요?

그리스 신의 왕 제우스는 레다라는 여인을 만나려고 백조인 척했어요. 레다가 자신을 사랑하기를 바라면서요. 레다는 제우스의 자식인 쌍둥이 형제를 낳았어요.
한 명은 **카스토르**이고, 다른 한 명은 **폴룩스**였지요. 카스토르와 폴룩스는 나중에 쌍둥이자리가 되었어요.

백조자리

난이도 ★ ☆ ☆

백조자리는 여름 밤하늘에서 가장 찾기 쉬운 별자리 중 하나예요. 백조자리의 중심이 되는 별들이 모여 북십자성이라고 부르는 별 무늬를 만든답니다. 여러분이 아주 어두운 곳에 있다면, 백조자리가 희미한 구름 띠를 따라 날아가는 것처럼 보일 거예요. 이 구름은 사실 우리가 속해 있는 은하수랍니다.

밤 10시에 가장 잘 보이는 시기: 7월에서 10월				
언제 볼까요	7월	8월	9월	10월
어디에서 볼까요	동쪽	동쪽	바로 위!	서쪽
몇 도 높이에 있나요	주먹 4개 (40°)	주먹 7개 (70°)	주먹 9개 (90°)	주먹 6개 (60°)

별에서 별까지

1. 가장 밝은 별인 직녀성을 찾아보세요. (찾는 법은 46쪽에 나와 있어요.)
2. 직녀성에서 북동쪽 지평선까지 가상의 선을 그어보세요.
3. 이 선을 따라 직녀성에서 북동쪽으로 주먹 2개 반(25°)만큼 가보세요.
4. 선은 백조자리에서 가장 밝은 별인 데네브에 가까이 닿을 거예요.

전갈을 막아라

사지타리우스는 그리스 신화에 나오는 **켄타우로스**예요. 켄타우로스는 반은 인간이고 반은 말이랍니다. 사지타리우스자리, 우리말로 궁수자리는 전갈자리를 향해 활을 겨누고 있어요. 전갈은 오리온이라는 사냥꾼을 죽이기 위해 보내졌어요. 궁수자리는 전갈자리로부터 오리온자리를 보호하기 위해 있는 거예요.

궁수자리

난이도 ★ ☆ ☆

사지타리우스는 궁수예요. 궁수자리는 남쪽 하늘에서 가장 알아보기 쉬운 별자리 중 하나예요. 궁수자리의 중심 별들이 모여 '**주전자**' 별 무늬를 이루어요. 궁수자리는 지평선 위로 멀리 벗어나는 일이 결코 없어요. 궁수자리를 보려면 남쪽으로 지평선이 또렷이 보여야 해요.

밤 10시에 가장 잘 보이는 시기: 7월에서 9월			
언제 볼까요	7월	8월	9월
어디에서 볼까요	남동쪽	남쪽	남쪽
몇 도 높이에 있나요	주먹 1개 (10°)	주먹 2개 (20°)	주먹 1개 (10°)

별에서 별까지

1. 남쪽을 바라보세요.
2. 견우성이라는 밝은 별을 찾아보세요. (찾는 법은 58쪽에 있어요.)
3. 견우성에서 남서쪽으로 주먹 4개(40°)만큼 거리를 재어 보세요.
4. 여러분의 눈이 주전자 성군 가까이에 닿을 거예요.

공주와 왕관

아리아드네 공주는 디오니소스라는 그리스의 신과 결혼을 했어요. 결혼식에서 아리아드네가 왕관을 썼는데, 디오니소스가 결혼을 기념하며 별들 사이에 그 왕관을 놓았어요. 그것이 지금의 북쪽왕관자리가 되었답니다.

북쪽왕관자리

난이도 ★★☆

북쪽왕관자리의 왕관을 코로나라고 하는데, 라틴어로 왕관이라는 뜻이에요. 이 작은 별자리는 거의 정확하게 반원 모양을 그리고 있어요.

밤 10시에 가장 잘 보이는 시기: 5월에서 9월					
언제 볼까요	5월	6월	7월	8월	9월
어디에서 볼까요	동쪽	남동쪽	남서쪽	서쪽	서쪽
몇 도 높이에 있나요	주먹 5개 (50°)	주먹 7개 (70°)	주먹 7개 (70°)	주먹 5개 (50°)	주먹 3개 (30°)

별에서 별까지

1. 아크투루스라는 밝은 별을 찾아보세요.(찾는 법은 36쪽에 있어요.)
2. 직녀성이라는 밝은 별을 찾아보세요.(찾는 법은 46쪽에 있어요.)
3. 아크투루스와 직녀성을 가상의 선으로 이어보세요.
4. 아크투루스에서 이 선을 따라 20° 각도로 재어보세요.
5. 북쪽왕관자리에서 가장 밝은 별인 알페카와 만날 거예요.

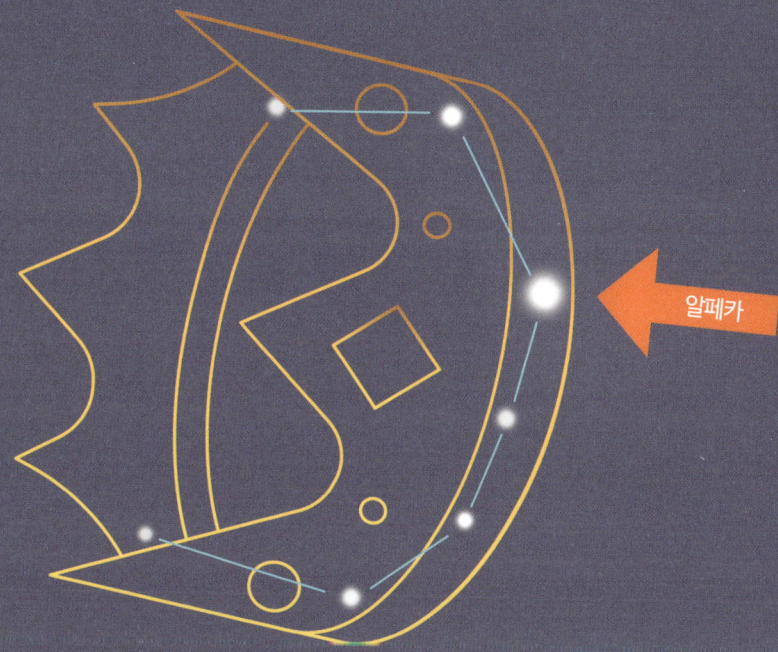

알페카

사람들은 **왕관자리**를 보고
독수리의 둥지 혹은 꽃밭,
곰이 사는 동굴,
노인들이 모여있는
모습이라고도 생각했대요.

작은곰자리

난이도 ★ ★ ☆

작은곰자리는 큰곰자리처럼 별들이 국자 모양을 하고 있어 사람들이 작은 북두칠성이라고 부르기도 했어요. 작은곰자리는 북극성의 위치를 알려주는 아주 중요한 별자리랍니다.

밤 10시에 가장 잘 보이는 시기: 3월에서 10월								
언제 볼까요	3월	4월	5월	6월	7월	8월	9월	10월
어디에서 볼까요	북쪽	북쪽	북쪽	북쪽	북쪽	북쪽	북쪽	북쪽
몇 도 높이에 있나요	주먹 3개 (30°)	주먹 4개 (40°)	주먹 5개 (50°)	주먹 5개 (50°)	주먹 5개 (50°)	주먹 4개 (40°)	주먹 4개 (40°)	주먹 3개 (30°)

별에서 별까지

1. 북쪽 지평선을 마주 보세요.
2. 북두칠성, 즉 큰곰자리를 찾아보세요. (찾는 법은 24쪽에 있어요.)
3. 북두칠성에서 가장 빛나는 메라크와 두베를 찾아보세요.
4. 메라크와 두베를 잇는 가상의 선을 그려보세요.
5. 가상의 선을 주먹 3개(30°)만큼 쭉 이어보세요.
6. 그러면 북극성에 닿을 거예요.

곰과 아들

작은곰자리와 큰곰자리에 대해 전해지는 이야기는 항상 같아요. 요정 칼리스토가 곰으로 변했는데, 칼리스토의 아들인 **아르카스**가 곰이 자신의 어머니라는 사실을 알지 못한 채 죽이고 말아요. 그러사 그리스의 신 제우스가 칼리스토를 살려 아르카스와 함께 하늘로 보내주었어요. 그래서 칼리스토는 큰곰자리, 아르카스는 작은곰자리가 되었답니다.

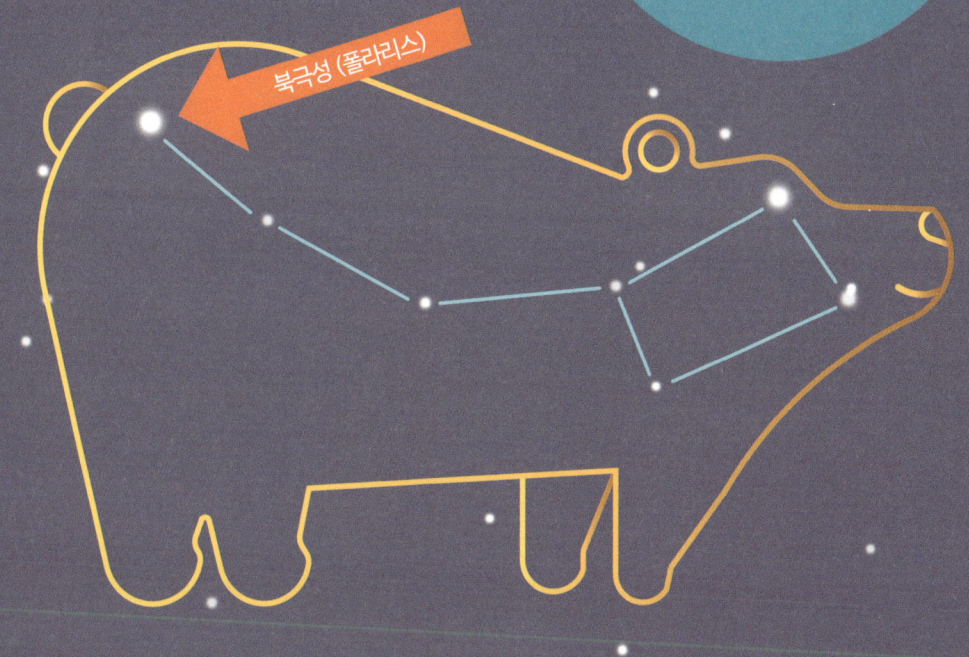

북극을 영어로 **아틱**이라고 하는데, 그리스어인 아크토스에서 따왔어요. '**곰**'이라는 뜻이에요.

북극성 (폴라리스)

북반구에서는 일 년 내내 밤마다 큰곰자리를 볼 수 있어요.
북극성은 언제나 같은 자리에 있으니까요.
북극성이 보이는 위치는 여러분이 어디에 있느냐에 따라 달라져요.
여기에 있는 북극성 찾는 법은 서울과 같은 위치에 있을 때 가장 잘 보여요.
작은곰자리의 별들은 북극성을 중심으로 돈답니다.

위대한 영웅

그리스 신화에 따르면, 헤라 여신은 헤라클레스를 좋아하지 않았대요. 헤라클레스가 태어나자 헤라는 뱀을 보내 해치려고 했어요. 하지만 아기 헤라클레스는 힘이 무척이나 셌기 때문에 뱀을 금세 물리칠 수 있었답니다.

헤라클레스자리   난이도 ★ ★ ☆

헤라클레스는 최고의 영웅이에요. 헤라클레스자리를 이루는 주요 별들은 '**사다리꼴**(마주 보는 한 변만 평행한 사각형)'이랍니다. 사다리꼴을 이루는 별들을 가리켜 '마무리돌'이라고 부르기도 해요.

밤 10시에 가장 잘 보이는 시기: 5월에서 9월					
언제 볼까요	5월	6월	7월	8월	9월
어디에서 볼까요	동쪽	동쪽	바로 위!	서쪽	서쪽
몇 도 높이에 있나요	주먹 3개 (30°)	주먹 5개 (50°)	주먹 9개 (90°)	주먹 6개 (60°)	주먹 4개 (40°)

별에서 별까지

1. 직녀성이라는 밝은 별을 찾아보세요.(찾는 법은 46쪽에 있어요.)
2. 아크투루스라는 밝은 별을 찾아보세요.(찾는 법은 36쪽에 있어요.)
3. 베가와 아크투루스를 가상의 선으로 이어보세요.
4. 마무리돌 별 무늬는 베가와 아크투루스를 잇는 선 사이에 있어요.

신이 내린 벼락

독수리는 원래 그리스의 신 제우스가 기르던 새였어요. 제우스는 독수리를 이용해 지구에 벼락을 내렸어요. 그리고 독수리는 **가니메데**라는 남자아이를 태우고 하늘로 날아갔어요. 가니메데는 제우스에게 물을 바치는 역할을 했어요. 독수리자리와 가니메데(물병자리라고도 불러요)는 서로 가까운 위치에 있답니다.

독수리자리

난이도 ★ ★ ☆

독수리자리는 여름철에 중요한 별자리예요. 독수리자리 중 가장 밝은 별을 가리켜 견우성이라 부른답니다. 견우성과 직녀성(거문고자리), 데네브(백조자리) 이 3개의 밝은 별이 모여 '여름 대삼각형'을 이루어요.

밤 10시에 가장 잘 보이는 시기: 7월에서 10월				
언제 볼까요	7월	8월	9월	10월
어디에서 볼까요	동쪽	동쪽	남동쪽	남서쪽
몇 도 높이에 있나요	주먹 3개 (30°)	주먹 5개 (50°)	주먹 5개 (50°)	주먹 4개 (40°)

별에서 별까지

1. 직녀성이라는 밝은 별을 찾아보세요. (찾는 법은 46쪽에 있어요.)
2. 직녀성에서 거문고자리에 있는 평행사변형 모양의 아래쪽 꼭짓점까지 가상의 선으로 이어보세요.
3. 주먹 3개(30°)만큼 선을 계속 따라가세요.
4. 독수리자리에서 가장 밝은 별인 견우성과 만날 거예요.

사람들은 **독수리자리**의 가장 밝은 별이 악기로 연주하는 북 또는 세 명의 군인, 모닥불이라고 생각했어요.

동물의 수호자

어느 날 빼어난 사냥꾼이었던 오리온이 지구의 야생 동물을 모조리 죽이겠다는 말을 하고 다녔어요. 이 말을 듣고 몹시 화가 난 **가이아** 여신이 커다란 전갈을 보내 오리온을 공격하게 했어요. 오리온과 전갈의 싸움을 보고 감탄한 신들의 왕 제우스는 전갈을 기리며 하늘의 별로 남겨주었어요. 오리온과 전갈자리는 같은 시간에는 같이 볼 수 없답니다.

전갈자리

난이도 ★ ★ ☆

전갈자리의 대표적인 별은 진짜 전갈처럼 생겼답니다! 안타레스는 남쪽 지평선 가까이에 보이는데 그 어느 별보다 밝게 빛나요.

밤 10시에 가장 잘 보이는 시기: 6월에서 8월			
언제 볼까요	6월	7월	8월
어디에서 볼까요	남동쪽	남쪽	남서쪽
몇 도 높이에 있나요	주먹 2개 (20°)	주먹 3개 (30°)	주먹 2개 (20°)

별에서 별까지

1. 남쪽을 바라보세요.
2. 남쪽 지평선에 낮게 빛나는 밝은 별을 찾아보세요. 여러분의 눈에는 붉은색으로 보일 수도 있어요! 이 별이 안타레스랍니다.
3. 전갈자리의 몸통은 안타레스에서 왼쪽으로 주먹 2개 (20°)만큼 뻗어있어 마치 낚싯바늘처럼 보여요

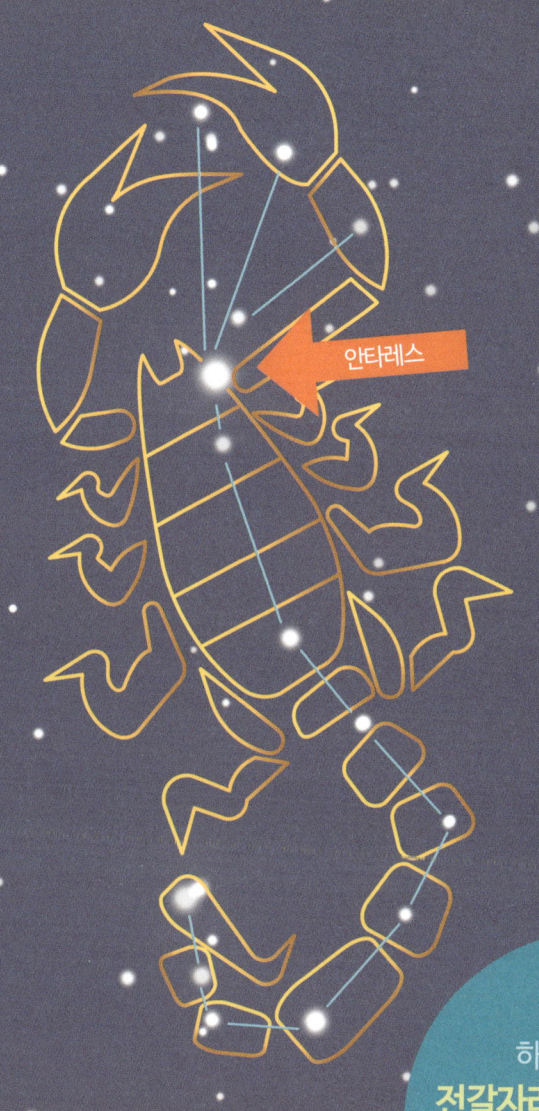

안타레스

하와이에서는 **전갈자리**의 별을 반신반인 **마우이**가 가지고 있던 낚싯바늘로 여겼어요.

균형과 질서

그리스 신화에는 법과 질서, 정의를 담당하던 **디케**라는 여신이 등장해요. 디케는 무엇이 공평한지 정해주는 양팔 저울을 들고 있어요. 천칭자리의 모습은 디케의 양팔 저울과 비슷하답니다.

천칭자리

난이도 ★★★

천칭자리는 저울 모양의 작은 별자리예요. 천칭자리 주요 별들은 찌부러진 다이아몬드처럼 보여요.

밤 10시에 가장 잘 보이는 시기: 5월에서 7월			
언제 볼까요	5월	6월	7월
어디에서 볼까요	남동쪽	남쪽	남서쪽
몇 도 높이에 있나요	주먹 2개 (20°)	주먹 3개 (30°)	주먹 3개 (30°)

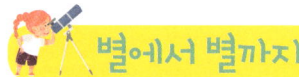 별에서 별까지

1. 남쪽을 바라보세요.
2. 스피카라는 밝은 별을 찾아보세요.(찾는 법은 38쪽에 있어요.)
3. 안타레스라는 밝은 별을 찾아보세요.(찾는 법은 60쪽에 있어요.)
4. 스피카와 안타레스를 가상의 선으로 이어보세요.
5. 천칭자리는 이 선의 가운데에 있답니다.

3
가을에
가장 잘 보이는
별자리

카시오페이아자리
페가수스자리
양자리
염소자리
물병자리
물고기자리

가을 밤하늘

가을밤엔 아주 밝은 별은 없지만 머리 위를 지나가는 아주 큰 사각형이 있어요.
이 '가을 대사각형'을 찾아보세요.

① 초저녁 동쪽 하늘에 떠올라 한밤중엔 머리 위를 지나가는 큰 사각형을 찾아보세요.
② 가을 대사각형을 중심으로 천마 페가수스 자리를 찾아보세요.
③ 가을 대사각형 북쪽으로 W자 모양의 가시오페이아 별자리를 찾아보세요. W자는 시간이 지남에 따라 3자로, M자로, E자로 보이기도 해요.

카시오페이아자리

난이도 ★ ☆ ☆

카시오페이아는 자랑을 좋아했던 왕비예요. 카시오페이아자리의 주요 별들은 북쪽 하늘에 W 모양으로 떠있답니다. 북반구에서 일 년 내내 볼 수 있는 별자리이기도 해요.

밤 9시에 가장 잘 보이는 시기: 9월에서 2월						
언제 볼까요	9월	10월	11월	12월	1월	2월
어디에서 볼까요	북동쪽	북동쪽	북쪽	북쪽	북서쪽	북서쪽
몇 도 높이에 있나요	주먹 3개 (30°)	주먹 5개 (50°)	주먹 7개 (70°)	주먹 6개 (60°)	주먹 5개 (50°)	주먹 4개 (40°)

 별에서 별까지

1. 북쪽 지평선을 바라보세요.
2. 작은곰자리를 찾아보세요. (찾는 법은 54쪽에 있어요.)
3. 북극성을 찾아보세요.
4. 북극성을 중심으로 원을 하나 그려봅니다. 그런 다음 주먹 3개(30°)만큼 원을 늘려요.
5. 이 커다란 원을 시계판이라고 상상해보세요.
6. 상상 속 시계 위에서 카시오페이아의 위치를 찾아보세요!

신에게 으스대면 안 돼요!

에티오피아의 왕비였던 카시오페이아는 자신이 아주 예쁘다고 생각했어요. 어느 날 그녀는 바다의 신 포세이돈의 딸들보다 자신이 더 예쁘다며 으스댔어요. 이 때문에 화가 난 포세이돈은 카시오페이아의 왕궁을 공격하라며 바다 괴물을 보냈어요. **포세이돈**은 카시오페이아가 죽자 밤하늘의 별자리가 되게 했어요. 의자에 앉은 채 거꾸로 매달린 모습으로 말이에요.

위대한 영웅

페가수스는 괴물 **메두사**의 피에서 태어났어요. 그리스 신화에 따르면, 페가수스의 발굽이 닿는 곳은 어디든 물이 솟아나왔다고 합니다. 영웅 벨레로폰이 괴물을 물리치도록 도움을 준 페가수스는 그리스의 신 제우스와 함께 살게 되었어요. 제우스는 페가수스에게 하늘의 별로 보내는 상을 내렸다고 해요.

페가수스자리

난이도 ★ ☆ ☆

페가수스는 날개 달린 말이에요. 페가수스를 이루는 밝은 별들을 가리켜 가을 대사각형이라고 한답니다.

밤 9시에 가장 잘 보이는 시기: 9월에서 12월				
언제 볼까요	9월	10월	11월	12월
어디에서 볼까요	동쪽	동쪽	남쪽	서쪽
몇 도 높이에 있나요	주먹 3개 (30°)	주먹 6개 (60°)	주먹 7개 (70°)	주먹 5개 (50°)

별에서 별까지

1. 카시오페이아자리의 별자리를 찾아보세요. (찾는 법은 68쪽에 있어요.)
2. 카시오페이아자리의 나비와 쉐다르 별을 찾아보세요.
3. 나비와 쉐다르를 잇는 가상의 선을 그어보세요.
4. 주먹 5개(50°)만큼 선을 늘려요.
5. 그러면 페가수스자리에 바로 닿을 거예요!

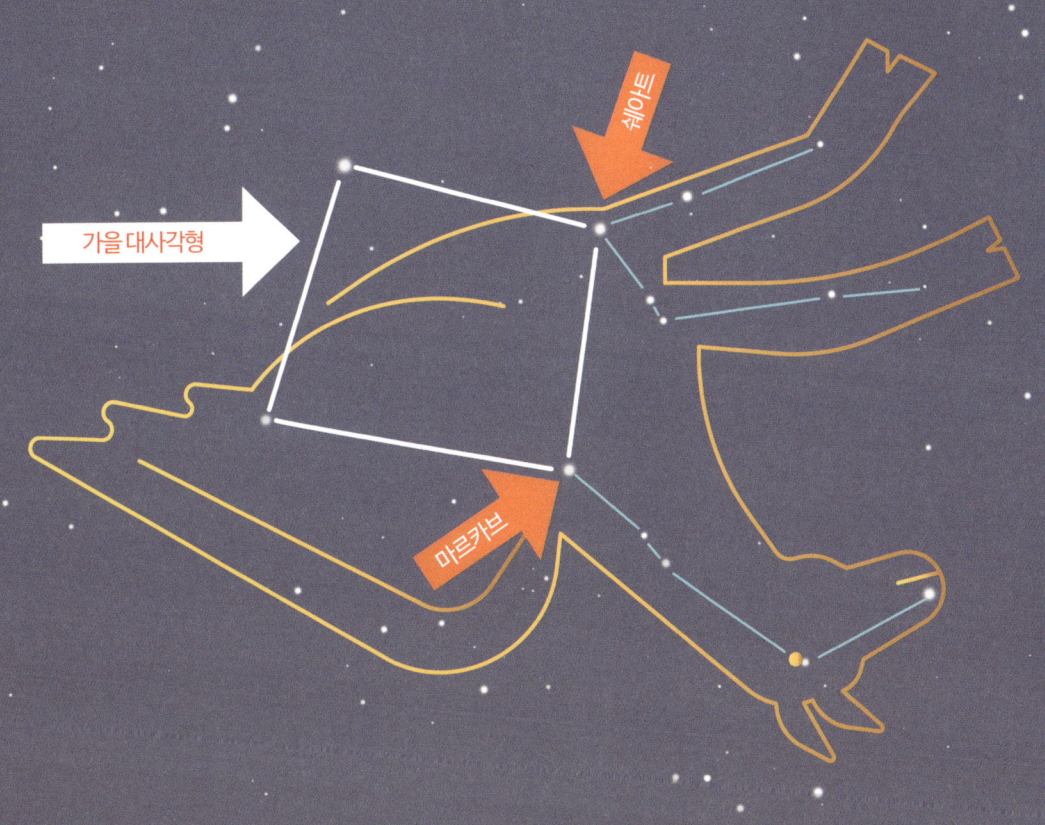

금빛 양털

그리스 신화에 따르면 아타마스라는 왕에게는 두 남매가 있었어요. 어렸을 때 어머니가 죽자 계모의 시달림을 받았대요. 남매가 죽을 위기에 처했을 때 전령의 신 헤르메스는 남매를 불쌍히 여겨 금빛 양털을 지닌 아름다운 양에 태워 행복한 곳으로 보내줬대요. 이 양이 그리스의 신 제우스에게 제물로 바쳐진 후, 제우스는 양을 기려 밤하늘의 별로 만들어주었답니다.

양자리

난이도 ★ ☆ ☆

양자리는 어디서든 밝게 볼 수 있는 별이 몇 개 없어요. 이 별자리는 3개의 주요 별이 구부러진 모양으로 보일 거예요.

밤 9시에 가장 잘 보이는 시기: 10월에서 1월				
언제 볼까요	10월	11월	12월	1월
어디에서 볼까요	동쪽	남동쪽	남쪽	서쪽
몇 도 높이에 있나요	주먹 3개 (30°)	주먹 7개 (70°)	주먹 7개 (70°)	주먹 5개 (50°)

별에서 별까지

1. 카시오페이아자리를 찾아보세요.(찾는 법은 68쪽에 있어요.)
2. 'W' 모양 오른쪽에 있는 쉐다르와 카프라는 별을 찾아보세요.
3. 카프와 쉐다르를 이어보세요.
4. 주먹 4개(40°)만큼 선을 더 따라가보세요.
5. 선이 양자리에 닿을 거예요!

괴물에게서 도망치기

어떤 이야기에서 염소는 '판'이라는 신으로 등장합니다. 판은 뿔이 달렸고 염소 다리를 가지고 있어요. 어느 날 신들이 나일강 옆에서 파티를 하고 있었대요. 갑자기 괴물이 나타났고 각자 괴물에게 들키지 않으려고 변신을 하며 도망쳤대요. 판은 급히 강으로 뛰어들었는데 강 속으로 풍덩 빠질 때 물고기의 꼬리가 생겼다고 해요. 제우스가 그 꼴이 우스워서 별자리로 남겼답니다.

염소자리

난이도

여기서 말하는 염소는 바다에 살아요. 염소자리는 가장 희미한 별자리 중 하나랍니다. 인내심을 가지고 열심히 찾아야 볼 수 있어요! 염소자리의 주요 별들은 찌그러진 삼각형처럼 생겼어요.

밤 9시에 가장 잘 보이는 시기: 10월에서 1월				
언제 볼까요	10월	11월	12월	1월
어디에서 볼까요	동쪽	남동쪽	남쪽	서쪽
몇 도 높이에 있나요	주먹 3개 (30°)	주먹 7개 (70°)	주먹 7개 (70°)	주먹 5개 (50°)

별에서 별까지

1. 남쪽을 바라봅니다.
2. 견우성이라는 밝은 별을 찾아보세요. (찾는 법은 58쪽에 있어요.)
3. 직녀성이라는 밝은 별을 찾아보세요. (찾는 법은 46쪽에 있어요.)
4. 견우성과 직녀성을 가상의 선으로 이어보세요.
5. 주먹 3개(30°)만큼 선을 계속 이어요.
6. 그러면 염소자리에 닿을 거예요.

알게디

염소자리에서 가장 밝은 별을 **'알게디'**라고 하는데, 아라비아어로 **'염소'**라는 뜻이에요.

독수리에게 납치되다

그리스 신화에 가니메데라는 아름다운 소년이 등장해요. 가니메데에게 반한 제우스가 독수리로 변신해서 올림포스산으로 그를 납치해요. 제우스는 가니메데에게 영원한 젊음과 생명을 주고, 그곳에서 신들에게 물과 술을 따르는 일을 시키지요. 제우스의 총애를 받은 가니메데는 물병자리가 되었어요. 물병자리는 가니메데가 물병을 든 모습이며, 그 옆에는 그를 납치한 독수리의 별, 독수리자리가 있어요.

물병자리

난이도 ★★★

물병자리에는 밝은 별이 하나도 없어요. 그래서 이 별자리를 찾으려면 인내심을 가지고 꾸준히 찾아보아야 해요!

밤 9시에 가장 잘 보이는 시기: 9월에서 11월			
언제 볼까요	9월	10월	11월
어디에서 볼까요	남동쪽	남쪽	남서쪽
몇 도 높이에 있나요	주먹 3개 (30°)	주먹 4개 (40°)	주먹 3개 (30°)

별에서 별까지

1. 페가수스자리의 '가을 대사각형'을 찾아보세요. (찾는 법은 70쪽에 있어요.)
2. 쉐아트와 마르카브 별을 찾아보세요.
3. 쉐아트와 마르카브까지 잇는 가상의 선을 그어보세요.
4. 선을 주먹 2개(20°)만큼 늘려요.
5. 그러면 물병자리에 닿을 거예요.

물병자리는 가을 무렵 **'천상의 바다'** 라고 불리는 남쪽의 중천에서 볼 수 있어요. 물과 관련된 대다수의 별자리가 이 지역에 있답니다.

어머니와 아들

무시무시한 괴물이 그리스의 신들을 공격하자, **아프로디테** 여신과 그의 아들은 괴물에게서 도망치기 위해 강으로 뛰어들었어요. 그러자 그 둘이 물고기로 변했지요! 여신과 아들은 따로 떨어지지 않으려 리본으로 한데 묶었어요. 이 두 물고기는 물고기자리에서 리본 매듭으로 이어져 있답니다.

물고기자리

난이도 ★ ★ ★

물고기자리는 물고기 두 마리 모양의 별자리예요. 거대한 별자리이기는 하지만 밝은 별이 없답니다. 그러니 이 별자리도 꾸준히 인내심을 가지고 찾아야겠지요!

밤 9시에 가장 잘 보이는 시기: 10월에서 1월				
언제 볼까요	10월	11월	12월	1월
어디에서 볼까요	동쪽	남쪽	남서쪽	서쪽
몇 도 높이에 있나요	주먹 3개 (30°)	주먹 6개 (60°)	주먹 5개 (50°)	주먹 3개 (30°)

별에서 별까지

1. 페가수스자리의 '가을 대사각형'을 찾아보세요. (찾는 법은 70쪽에 있어요.)
2. 물고기자리 중 하나는 대사각형의 동쪽으로 대략 주먹 1개(10°)만큼 떨어진 곳에서 보여요.
3. 물고기자리 중 또 하나는 대사각형의 남쪽으로 대략 주먹 1개(10°)만큼 떨어진 곳에서 보이고요.
4. 물고기자리의 가장 밝은 별은 대사각형에서 남동쪽으로 대략 주먹 2개(20°)만큼 떨어진 곳에 있어요.

알레샤

물고기자리에서 가장 밝은 별은
알레샤예요.
'끈'이라는 뜻이지요.
물고기가 서로 매듭으로 묶여있는
모습을 나타내요.

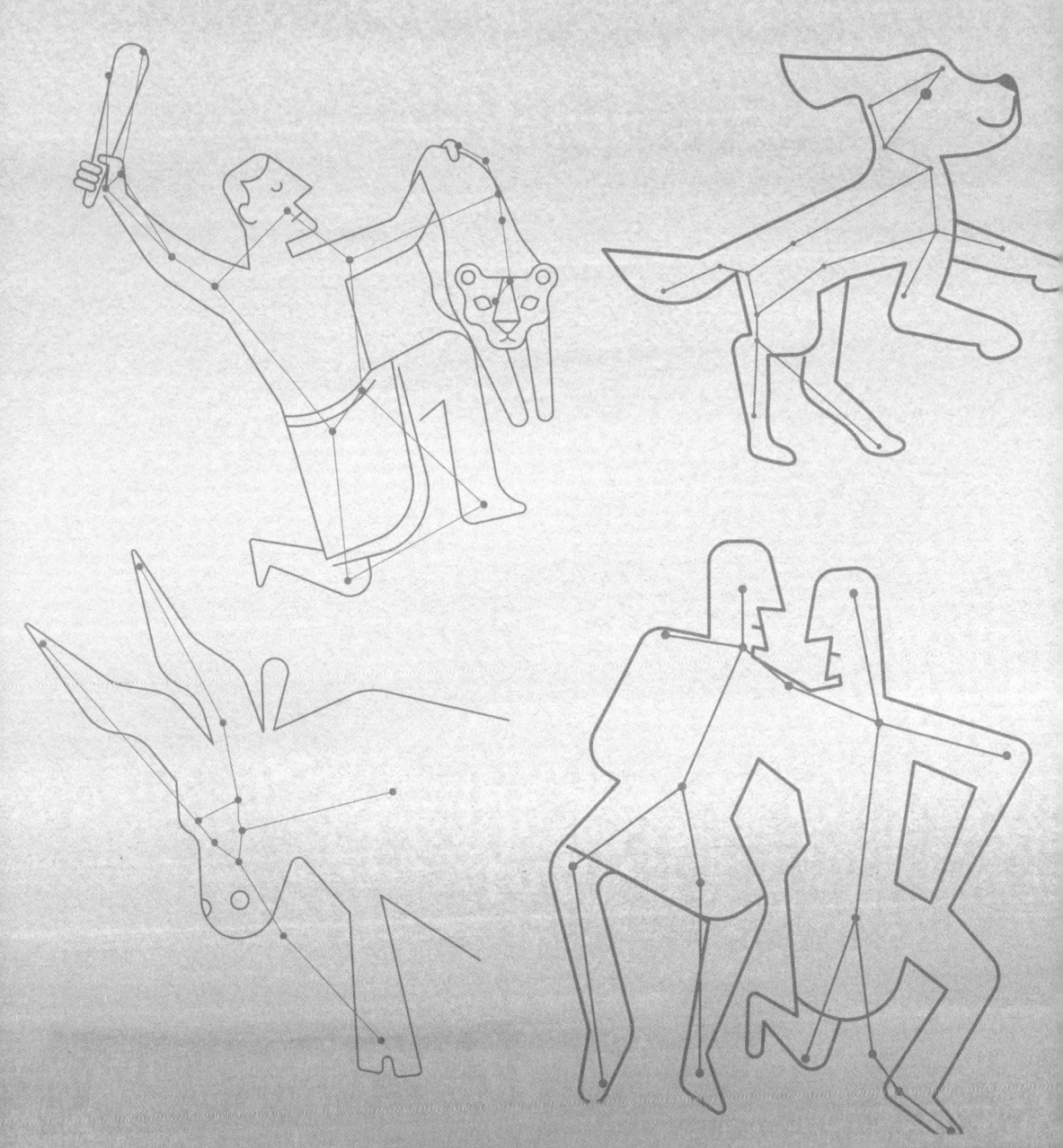

4

겨울에
가장 잘 보이는
별자리

오리온자리
황소자리
큰개자리
쌍둥이자리

겨울 밤하늘

겨울철 밤하늘엔 밝은 별이 유난히 많아요.
하늘에서 가장 밝은 별 셋으로 다시
'겨울 대삼각형'을 만들어요.
겨울 밤하늘에 은하수가 지나가지만
여름보다는 흐릿해요.

❶ 남쪽 하늘에 유난히 반짝이는 시원한 청백색 별로 북반구에서 가장 밝은 큰개자리의 시리우스를 찾아보세요.
❷ 시리우스를 한 꼭지점으로 서쪽 하늘에 붉은 색 별인 오리온자리의 베텔기우스, 북동쪽에 청백색의 밝은 별 작은개자리의 프로키온, 이렇게 밝은 별 셋으로 이뤄진 대삼각형을 찾아보세요.
❸ 큰 겨울 대삼각형 주변에 유명한 겨울철 별자리인 오리온자리, 쌍둥이자리, 큰개자리, 황소자리, 마차부자리를 찾아보세요.

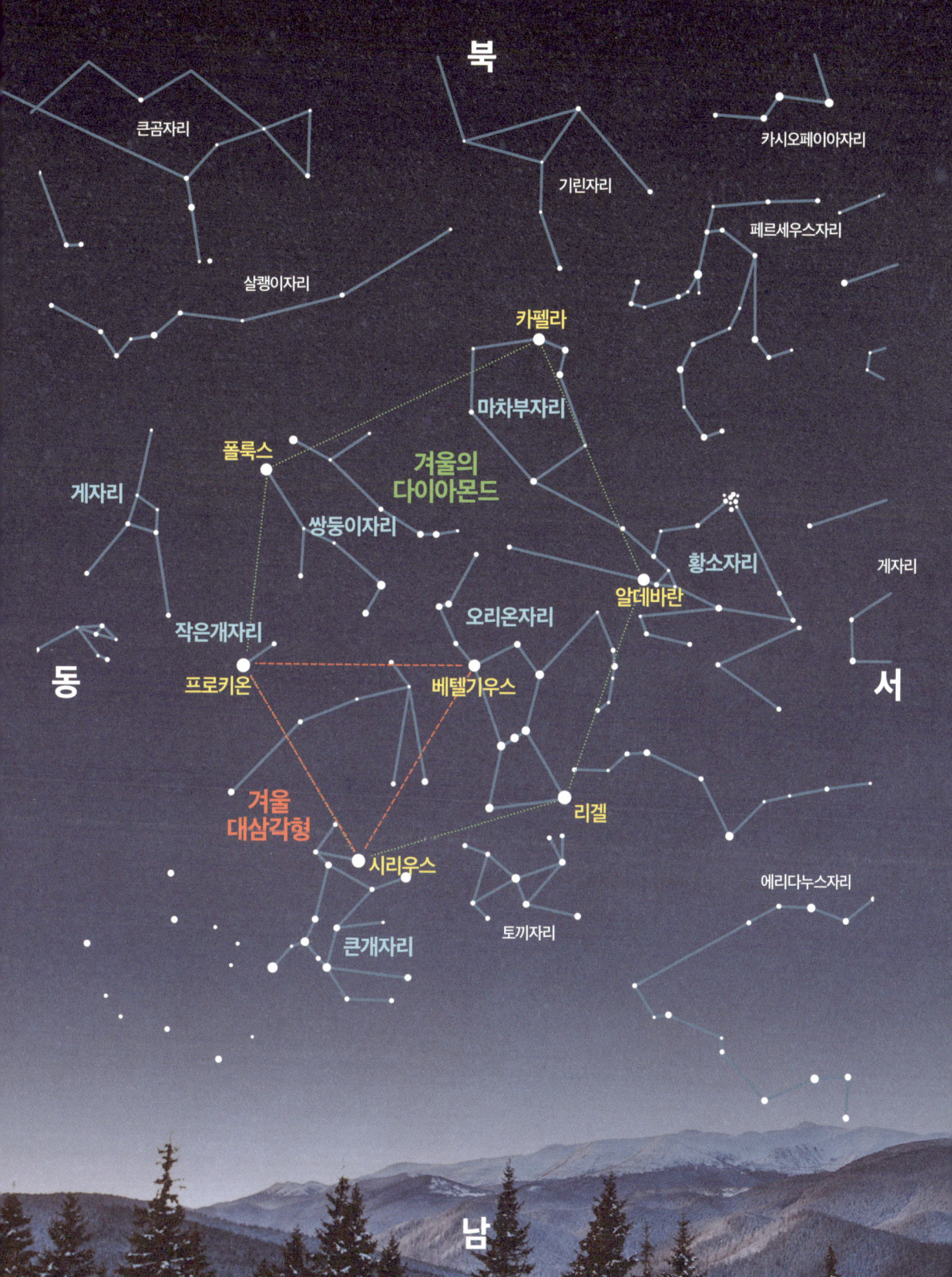

오호라!

오리온은 가난한 목동의 아들이었어요. 어느 날 목동에게 나그네가 찾아왔어요. 목동은 몹시 가난했지만 나그네에게 음식을 나눠주었어요. 나그네가 신이라는 사실을 까맣게 모른 채 말이에요. 신은 감사의 뜻으로 목동에게 소원 한 가지를 말하라고 했어요. 목동은 아들을 갖고 싶다고 했지요. 그 아들이 바로 오리온이랍니다.

오리온자리

난이도 ★ ☆ ☆

오리온은 사냥꾼이에요. 가장 유명한 별자리 중 하나이지요. 허리끈으로 가운데를 묶어 찌그러진 직사각형 모양을 하고 있어요.

밤 8시에 가장 잘 보이는 시기: 1월에서 3월			
언제 볼까요	1월	2월	3월
어디에서 볼까요	남동쪽	남쪽	남서쪽
몇 도 높이에 있나요	주먹 3개 (30°)	주먹 5개 (50°)	주먹 4개 (40°)

별에서 별까지

1. 남쪽 지평선을 바라보세요.
2. 오리온자리는 지평선으로부터 대략 주먹 3~6개 (30~60°)의 높이에서 돌고 있을 거예요.
3. 오리온의 허리끈 부분에서 중간 정도 빛나는 별 3개를 찾아보세요.
4. 오리온의 어깨와 무릎은 벨트 위아래로 주먹 1개(10°)만큼 떨어져있어요.
5. 어두운 지역에서는 허리끈에 달린 오리온의 단검도 볼 수 있어요!

별자리 하나, 이야기 둘

그리스의 신 제우스는 **유로파**라는 공주를 보고 한눈에 반했어요. 그래서 아름다운 흰 소로 변신해 공주를 멀리 데려갔지요. 황소자리는 소로 변한 제우스의 모습을 나타낸답니다. 황소자리에는 플레이아데스성단에 얽힌 이야기도 있어요. 그리스 신화에서 플레이아데스는 아틀라스와 님프 플레이아데스의 일곱 딸을 의미해요. 사냥꾼 오리온이 자매들을 쫓아다니자 제우스가 오리온을 막아 주기 위해 자매들을 하늘 위로 보내주었다고 해요.

황소자리

난이도 ★ ☆ ☆

황소자리는 머리 부분이 밝은 V자 모양이며 어깨에는 그 유명한 '**플레이아데스** 성단(좀생이별)'이 있어요.

밤 8시에 가장 잘 보이는 시기: 12월에서 3월				
언제 볼까요	12월	1월	2월	3월
어디에서 볼까요	남동쪽	남동쪽	남쪽	남서쪽
몇 도 높이에 있나요	주먹 4개 (40°)	주먹 6개 (60°)	주먹 7개 (70°)	주먹 5개 (50°)

별에서 별까지

1. 오리온자리를 찾아보세요.(찾는 법은 84쪽에 있어요.)
2. 오리온자리의 허리끈에 있는 별들을 머릿속으로 이어 봅니다.
3. 그 선을 서쪽으로 주먹 3개(30°) 정도 더 늘리세요.
4. V 모양을 한 황소자리의 머리에 닿을 거예요.
5. 선을 계속해서 주먹 1개(10°)만 큼 더 가보세요.
6. 그러면 플레이아데스 성단까지 이어진답니다.

가장 빠른 멍멍이

몇몇 전해져 내려오는 이야기에 따르면, 큰개자리의 개는 굉장히 빠르게 달릴 줄 알았대요. 그리스의 신 제우스에게 받은 재능이 없지요. 제우스는 그 개를 하늘의 별로 만들며 축복해주었어요. 다른 이야기에서는 큰개자리의 개가 오리온의 사냥개라고 전해져요. 그래서 큰개자리가 오리온자리 옆에 있는 것이랍니다.

큰개자리

난이도 ★ ★ ☆

큰개자리에는 시리우스라는 우리나라 밤하늘에서 가장 밝은 별이 빛나고 있어요.

밤 8시에 가장 잘 보이는 시기: 2월에서 4월			
언제 볼까요	2월	3월	4월
어디에서 볼까요	남동쪽	남쪽	남서쪽
몇 도 높이에 있나요	주먹 3개 (30°)	주먹 3개 (30°)	주먹 3개 (30°)

별에서 별까지

1. 남쪽 지평선을 바라보세요.
2. 오리온자리를 찾아보세요. (찾는 법은 84쪽에 있어요.)
3. 오리온자리의 허리끈에 있는 별을 머릿속으로 이어봅니다.
4. 선을 남동쪽으로 주먹 2개(20°)만큼 더 이어보세요.
5. 그러면 큰개자리에서 가장 밝은 별인 시리우스에 닿을 거예요.

영원한 쌍둥이

쌍둥이자리

난이도 ★ ★ ☆

쌍둥이자리의 원래 이름인 '제미니'는 라틴어로 쌍둥이라는 뜻이에요. 두 개의 밝은 별이 쌍둥이의 머리를 이루기 때문이지요.

밤 8시에 가장 잘 보이는 시기: 1월에서 4월				
언제 볼까요	1월	2월	3월	4월
어디에서 볼까요	동쪽	남동쪽	남쪽	남서쪽
몇 도 높이에 있나요	주먹 4개 (40°)	주먹 7개 (70°)	주먹 7개 (70°)	주먹 6개 (60°)

별에서 별까지

그리스 신화에는 카스토르와 폴룩스라는 쌍둥이가 등장해요. 폴룩스는 죽지 않고 영원히 살 수 있었지만, 카스토르는 그렇지 못했지요. 카스토르가 죽었을 때 폴룩스는 그리스의 신 제우스에게 빌었어요. 카스토르도 자신처럼 영원히 죽지 않기를 바랐거든요. 그러자 제우스는 두 형제를 함께 하늘의 별로 보내주었답니다

1. 오리온자리를 찾아보세요. (찾는 법은 84쪽에 있어요.)
2. 베텔게우스와 리겔이라는 밝은 별을 찾아보세요.
3. 베텔게우스에서 리겔을 잇는 가상의 선을 그려보세요.
4. 그 선을 대략 주먹 3개(30°)만큼 늘려요.
5. 그러면 쌍둥이자리의 머리에 해당하는 카스토르와 폴룩스라는 밝은 별에 닿을 거예요.

축하해요!

이제 여러분은 아주 옛날부터 전해 내려온
밤하늘을 보며 길을 찾는 기술을 모두 배웠어요!
여기에 나온 설명은 그저 수박 겉핥기에
지나지 않아요.
그만큼 배울 것이 훨씬 더 많답니다!
우주는 정말 너무나도 거대해요.
그리고 신비로 가득 차 있지요.
사실 천문학자들조차도 대답할 수 있는 것보다
모르는 것이 더 많아요.

별, 은하, 블랙홀, 초신성, 펄서, 행성, 유성 등
모두 여러분이 얼른 그 신비를 파헤치기를
기다리고 있어요.
호기심을 가지세요. 질문도 하고요.
우리가 그 모든 대답을 찾는 데 도움을 주세요.
자, 여기에 맑은 하늘이 있어요!

가니메데: 거대한 독수리에게 납치돼 그리스의 신 제우스에게 가게 된 소년. 신에게 물과 술을 따르는 일을 담당합니다. 가니메데는 독수리자리를 대표하게 되었습니다.

가이아: 지구를 다스리는 그리스의 여신. 거대 전갈을 보내 사냥꾼 오리온을 공격하게 합니다.

가을 대사각형: 페가수스 별자리를 이루는 별 무늬.

공전: 어떤 것이 별이나 행성 주변을 도는 길.

달의 위상: 우리가 지구에서 볼 때 달이 햇빛에 비치는 모양.

디오니소스: 아리아드네 공주와 결혼한 그리스의 신.

도: 각도의 크기를 나타내는 단위. 기호는 °입니다.

디케: 법, 질서, 정의의 여신. 디케가 들고 있는 양팔 저울이 천칭자리의 모양입니다.

메두사: 고르고네스라 불리는 신화 속 생명체. 날개 달린 말 페가수스가 메두사의 피에서 태어났다고 합니다.

반구: 구의 절반. 적도가 지구를 북반구와 남반구로 나눕니다.

별 무늬: 별자리와는 상관없이 별이 모여 일정한 형태를 이루는 것.

별자리: 하늘에 일정한 모양으로 나타나는 별들의 모임. 현재 공식적으로는 88개의 별자리가 있습니다.

사다리꼴: 마주 보는 한 변만 평행한 사각형입니다.

신월: 지구를 마주하고 있는 달의 표면이 어두운 단계를 말합니다.

아프로디테: 그리스 신화 속 사랑의 여신. 아프로디테와 그의 아들은 괴물을 피해 도망치다 물고기로 변합니다. 이 물고기 두 마리가 물고기자리입니다.

아르카스: 요정 칼리스토의 아들. 작은곰자리의 별자리를 나타냅니다.

아리아드네: 그리스의 신 디오니소스와 결혼한 공주. 결혼식 때 쓴 왕관이 왕관자리가 됩니다.

여름 대삼각형: 견우성, 데네브, 직녀성으로 이루어진 삼각형 모양의 별 무늬.

오르페우스: 그리스 신화에 나오는 전설적 음악가. 그가 연주하는 악기는 거문고자리가 되었습니다.

유로파: 제우스가 흰 소로 변신해 데리고 간 공주입니다. 이 소가 황소자리가 되었습니다.

유성: 우주에서 날아온 돌덩이 혹은 먼지로, 지구의 대기를 뚫고 내려오면서 기다란 불꽃을 일으킵니다. 이 때문에 종종 '별똥별'이라 불리기도 합니다. 하지만 진짜 별은 아니에요!

유성우: 수많은 유성이 짧은 시간 동안 지구의 대기 속으로 떨어지는 현상을 말합니다.

인공위성: 자신보다 더 거대한 물체 주위를 도는 어떤 것.

적도: 지구의 가운데를 둘러싸고 있는 가상의 선. 이 선을 중심으로 지구는 북반구와 남반구로 나뉩니다.

주전자: 궁수자리를 이루는 별 무늬.

제우스: 그리스 신의 왕. 별자리에 얽힌 이야기에서 다양하게 나옵니다.

천정: 하늘에서 가장 높은 지점. 머리 바로 위를 가리킵니다.

초승달: 달의 위상 중 하나. 초승달 기간에는 달의 가느다란 일부분에만 빛이 납니다.

카스토르: 쌍둥이자리 중 하나. 카스토르의 수명은 정해져 있었고 폴룩스는 영원히 살 수 있었습니다.

켄타우로스: 반은 인간이고 반은 말로 이루어진 신화 속 생명체.

판: 그리스 신화에 나오는 야생의 신. 판은 괴물에게서 도망치기 위해 강물로 뛰어들자 꼬리가 생겼습니다. 염소자리에 그의 모습이 보입니다.

평행사변형: 반대편에 있는 변이 길이도 같고 평행한 도형. 하지만 옆은 기울어진 모양이 될 수도 있습니다. 기울어진 직사각형 모양입니다.

페르세포네: 봄의 여신. 어떤 이야기에서는 처녀자리의 주인공으로 나오기도 합니다.

플레이아데스: 가장 많이 알려진 성단으로 황소자리에 있습니다.

포세이돈: 바다를 다스리는 그리스의 신. 괴물을 보내 카시오페이아의 지배를 받던 왕국을 공격하게 했습니다.

폴룩스: 쌍둥이자리를 나타내는 쌍둥이 중 하나. 폴룩스는 영원히 죽지 않으나 형제인 카스토르의 수명은 정해져 있었습니다.

헤라: 그리스 신들의 여왕이자 제우스의 아내. 헤라클레스와 싸운 게를 기리기 위해 하늘에 게자리를 만들었습니다.

헤라클레스: 그리스의 영웅. 자신의 12가지 임무 중 하나인 사자 쓰러뜨리기를 해냈습니다.

히드라: 헤라클레스와 싸운 물의 괴물.

성도: 봄

성도: 여름

성도: 가을

성도: 겨울

옮긴이 김미선

중앙대학교 사학과 졸업 후 미국 마켓대학교에서 커뮤니케이션으로 석사 학위를 받았습니다. 다년간 여러 출판사에 어린이·청소년 책을 소개하며 책과 인연을 맺었습니다. 현재 번역에이전시 엔터스코리아에서 어린이·청소년책 출판 기획 및 전문 번역가로 활동하고 있습니다.

번역한 책으로 《미리 보는 지구과학책》, 《디즈니 무비동화 : 모아나》, 《디즈니 알라딘 소설 : 파 프롬 아그라바》, 《프레지던트 힐러리》, 《어두운 건 무서운 게 아냐!》, 《안 입을 거야!》, 《고양이처럼 살아보기》, 《아홉 시에 뜨는 달》 등이 있습니다.

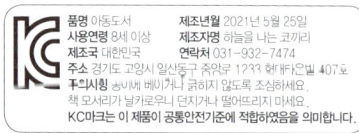

아홉 살에 처음 만나는 별자리

초판 1쇄 인쇄일 | 2021년 5월 25일 초판 1쇄 발행일 | 2021년 5월 30일

지은이 | 켈시 존슨
옮긴이 | 김미선
감수 | 소백산천문대장 성언창 박사
펴낸이 | 강창용
기획편집 | 신선숙
디자인 | 가혜순
책임영업 | 최대현

펴낸곳 | 하늘을 나는 코끼리
출판등록 | 1998년 5월 16일 제10-1588
주소 | 경기도 고양시 일산동구 중앙로 1233 (현대타운빌) 407호
전화 | (代)031-932-7474
팩스 | 031-932-5962
이메일 | feelbooks@naver.com

ISBN 979-11-6195-136-2 73440

* 책값은 뒤표지에 있습니다.   * 잘못된 책은 구입처에서 교환해 드립니다.

	품명 아동도서	제조년월 2021년 5월 25일
KC	사용연령 8세 이상	제조자명 하늘을 나는 코끼리
	제조국 대한민국	연락처 031-932-7474

주소 경기도 고양시 일산동구 중앙로 1233 현대타운빌 407호
주의사항 종이에 베이거나 긁히지 않도록 조심하세요.
책 모서리가 날카로우니 던지거나 떨어뜨리지 마세요.
KC마크는 이 제품이 공통안전기준에 적합하였음을 의미합니다.

 하늘을 나는 코끼리는 느낌이있는책의 어린이책 브랜드입니다.